让孩子从国宝里
读懂**中国史**

写给青少年的
陶瓷器 档案

孙建华 著

天地出版社　TIANDI PRESS

推荐序

幸得"写给青少年的国宝档案"这套书,读来颇为喜悦。这喜悦一方面是看到这套专门为青少年读者所做的图书顺利完成,另一方面是觉得这套书很有新意。毕竟对于现在的青少年来说,光有知识分享还不够,还要有真正有趣的内容才能吸引他们。

现在的青少年面对的诱惑实在是太多了,相比于游戏,书本的吸引力显然是不足的。如何让孩子们少玩游戏多读书呢?为这事,不仅家长们头疼,多年从事图书策划的编辑们也颇为头疼。要为青少年做书,不仅要先靠选题内容过孩子父母那一关,更要靠优质内容吸引青少年主动去阅读。

这套"写给青少年的国宝档案"在选题方面是很好的,它以"国宝"为总领,将青铜器、玉器、陶器、瓷器、金器、银器、古画、书法、碑刻、古籍都囊括其中,内容丰富自不必多说,还条理清晰,很适合青少年阅读。所以从这一角度来看,这套图书是很符合父母为孩子选购图书的需求的。

选题之外,这套书在内容框架上也有很多出彩的地方。由于每一册图书所选定的国宝分类不同,细分板块也会有所不同:在介绍青铜器国宝时,除了基本的档案信息,还有对国宝铸造工艺的介绍;在介绍玉器国宝时,除了对其选材造型的介绍,还有对其文化价值的介绍；古画、书法等也是如此，不单单局限于国宝本身，而是将知识内容扩展到更为广阔的范围，这对于青少年的知识扩充和思维发散都是很有帮助的。

做历史科普类图书，最重要的是对历史知识准确的把握，不能出现一丝一毫的偏差。书中的每一处文字都是经过细致考究、反复核对的，这便保证了这套图书的准确性和严谨性，虽说这是做图书的根本，但能做到如此优秀也是很不容易的。

很高兴能够提前读到这套"写给青少年的国宝档案"，简单翻阅之后，又细致看了一些内容，这套书确实是很值得推荐的历史科普类图书。希望现在的青少年能够多阅读这类图书，多了解中华优秀传统文化，多丰富自己的知识和阅历，做优秀传统文化的传承者和弘扬者！

中国人民大学历史系教授 何黎萍

序　言

在 5000 年甚至是更为漫长的中华历史长河中，埋藏着许许多多珍贵的文物国宝，这些国宝不仅自身具有极高的艺术价值，而且还含蕴着那个时代的文化特质。国宝之所以为国宝，并不因其价值连城，只因其身上镌刻着数千年来中华文化的印迹。

当今的青少年成长在互联网高速发展的时代，文化的价值让步于经济，这种潜移默化的影响虽然在当下还不明显，但在未来十年、二十年，甚至是更长的时间中，必然会显现。为了进一步发挥中华优秀传统文化的价值，不断提升当代青少年的文化素养、道德水平，近几年来我国出台了许多政策，要求在全社会广泛学习和传播中华优秀传统文化。

中华优秀传统文化的内涵十分广博，我们很难用特定的语言为其圈定范围，所以在介绍、宣传中华优秀传统文化时，不能宽泛地说"我们要传承中华优秀传统文化，我们要学好中华优秀传统文化"，而是要从具体之处入手，从一个或几个方面去阐述、去介绍中华优秀传统文化。

我认为"国宝"便是一个很好的方面，那些度过了漫长时光直到今天依然留存的"国宝"可以说是中华优秀传统文化最杰出的代表。所以，我打算以介绍"国宝档案"的形式，来为当代青少年讲述一些中华优秀传统文化的内容，正因如此，才有了这套"写给青少年的国宝档案"图书。

本套图书是专为青少年读者策划的国宝知识大百科，包括《写给青少年的青铜器档案》《写给青少年的玉器档案》《写给青少年的陶瓷器档案》《写给青少年的金银器档案》《写给青少年的古画档案》《写给青少年的书法·碑刻·古籍档案》六册内容。

本套图书在框架设计上，从各类国宝的基础简介出发，细致介绍了发现国宝的经过、国宝背后的故事，最后以国宝的艺术及文化价值收尾，内容丰富、条理分明，为读者完整讲述了与国宝相关的人、事、物。透过本套图书，青少年读者既可以了解有趣的国宝故事，又能感受中华优秀传统文化的魅力以及中华文明的博大精深。

中华文明源远流长，那些巧夺天工的文物国宝是中华文明长河中的闪烁繁星，它们背后是深厚的历史文化积淀和中华民族精神。希望这套"写给青少年的国宝档案"，能够为当代青少年打开学习中华优秀传统文化知识的大门，帮助他们更好地了解中华优秀传统文化，感悟中华民族精神。

目 录

特制的瓮棺棺盖
人面鱼纹彩陶盆 / 008

氏族的守护神
陶鹰鼎 / 014

世界十大古墓稀世珍宝之一
秦陵兵马俑 / 020

憨态可掬的汉代第一俑
击鼓说唱俑 / 028

稀世珍品青瓷之王
青釉莲花尊 / 034

东方艺术瑰宝
唐三彩 / 040

唐代的精巧手持灯座
邢窑白釉雕莲瓣座灯台 / 048

瑰丽多变可抵万金的窑瓷精品
钧窑玫瑰紫釉葵花式花盆 / 056

九大镇国之宝之一
定窑白釉孩儿枕 / 064

长得像青铜器的瓷器明珠
官窑青釉贯耳瓷瓶 / 070

高级陶瓷水壶
鸡冠壶 / 076

江南水乡葬俗的缩影
素三彩瓷船 / 082

寿意连绵的泰山镇山宝器
明嘉靖黄釉青花葫芦瓶 / 090

特制的瓮棺棺盖
人面鱼纹彩陶盆

国宝档案

国宝年代： 新石器时代前期

规格： 高度 16.5 厘米，口径 39.8 厘米

出土年代及地点： 1955 年出土于陕西省西安市半坡村

收藏场所： 中国国家博物馆

国宝出土

1953 年春，国家投资的灞桥火力发电厂项目在西安东郊的半坡村破土动工。在施工过程中，工人们发现了大量人工磨制的石器以及少量陶器。

工人们很快意识到，这个地方可能埋藏着文物。他们不敢有丝毫的马虎和隐瞒，马上把情况向上级做了汇报。西安市的文物主管部门在了解到具体情况后，立刻派专家前往半坡村进行考察。

西北文物清理队的工作人员对工地进行了详细的调查取证，并在工地附近和断崖边采集了一些标本。对这些标本进一步检验后，考古人员初步断定这个遗址为新石器时代仰韶文化母系氏族聚落的遗存。

自从半坡遗址被发现后，中国科学院考古研究所组织近200名考古工作者先后对其进行了5次挖掘，持续了4年左右的时间，共发掘遗址面积1万平方米，获得了大量的科学资料和出土文物。

半坡遗址的发现震惊了世人，没想到在今天，我们还能看到5600年到6700多年前的文物。在出土的房屋遗迹、圈栏、窖穴、陶窑、成人墓葬、幼儿瓮棺等文物中，一个画有人面鱼纹的彩陶盆吸引了众人的目光。

▲新石器时代 人面鱼纹彩陶盆

人面鱼纹彩陶盆现藏于中国国家博物馆，是新石器时代最具代表性的一件彩陶。

▲半坡遗址第3号圆形房基

半坡遗址是中国首次大规模揭露的新石器时代聚落遗址,其出土彩陶花纹颇具特色。此为遗址中第3号圆形房基。

先进工艺

作为中国新石器时代文化中延续时间最长、势力最大的一支,仰韶文化的发展水平很高,其彩陶工艺几乎达到了完美的地步,可以说是中国原始彩陶工艺的典范,人面鱼纹彩陶盆就是其中最完美的作品之一。

人面鱼纹彩陶盆由细泥红陶制成,敞口卷唇,口沿处画有间

▼仰韶村遗址

仰韶村遗址位于河南省渑池县仰韶村,是"仰韶文化"的命名地。

断的黑色彩带，彩陶盆的内壁有用黑彩绘出的两组对称的人面鱼纹。人面呈圆形，头顶上有三角形的发髻高高束起，额头被涂黑，其中一侧留出弯镰的形状，人的双眼眯成一条线，鼻子呈现倒立的"T"字形，嘴巴两边好像分别衔住一条鱼，耳朵两边也有相对的两条小鱼，形成了一幅造型奇特的人鱼合体画面。在两个人面之间的位置，还有两条大鱼在同向追逐着。整体画面古朴简洁，却又不失奇幻色彩，充满了律动感，给人以生机勃勃的感觉。

早在 7000 多年前，中华先民就已经拥有如此高超的彩陶工艺。那时候虽然没有精密的仪器，没有先进的科技手段，但是中华先民依然能够凭借自己的智慧创造出如此精湛的工艺品，这正是中华文明的魅力所在。

▲新石器时代 鹳鱼石斧图彩绘陶缸

鹳鱼石斧图彩绘陶缸是新石器时代前期仰韶文化的葬具，器腹外侧是著名的鹳鱼石斧图。

人面鱼纹的奥秘

在半坡遗址出土的人面鱼纹彩陶盆,最吸引人的就是它的纹饰。那么,这些神秘的纹饰到底有何含义呢?

据分析,人面鱼纹彩陶盆上的人与鱼的纹饰,很可能与当时半坡人的图腾崇拜和经济生活有关。半坡人在河谷阶地建造聚落,生活中必不可少的活动就是渔猎,因此他们喜爱鱼,也崇拜鱼,甚至认为自己氏族的起源就是鱼。基于此,他们将鱼视为自己的祖先,并加以崇拜。纹饰中将人和鱼组合在一起,正意味着人和鱼的不可分割之感。

▲新石器时代 人面鱼纹彩陶盆(局部)

人面鱼纹彩陶盆上的鱼纹装饰既是半坡人真实生活的写照,也是他们对富足美好生活的盼望和期许。

此外,人面鱼纹彩陶盆在当时一般作为幼儿瓮棺的棺盖来使用,是一种特殊的丧葬用具。人面是由人鱼合体而成,并且装束很奇特,仿佛是要进行某种宗教活动,代表着巫师的身份,因此一些考古学者认为这种纹饰是巫师请鱼神附体,为夭折的儿童进行招魂祈福的象征。

氏族的守护神
陶鹰鼎

国宝档案

国宝年代： 新石器时代

规格： 高度 35.8 厘米，口径 23.3 厘米

出土年代及地点： 1957 年出土于陕西省华县太平庄村

收藏场所： 中国国家博物馆

国宝出土

1957 年的一天，陕西省华县太平庄村的一个农民正在地里赶着牛犁田，走着走着，突然感觉犁好像碰到了什么东西，他赶忙停下来检查。他将土下的硬物用力刨出来一看，原来是一个像猫头鹰形状的陶罐。

他借着阳光打量了一下这个陶罐，发现整体还是很完整的，但是因为刚刚被犁磕了一下，碰了一个小口子。他想着这也不是什么值钱的东西，就放到了一边，等劳作完毕把它拿回家当饲料

氏族的守护神：陶鹰鼎 | 015

盆用了。

就这样一直到了第二年，北大考古系的学生来到华县参加仰韶文化遗址的挖掘工作，他们经常向当地的村民普及一些文物保护的知识。

人群中正听学生们介绍文物知识的那个村民，忽然想起自己

▲ 新石器时代　陶鹰鼎正面

在目前发现的新石器时代陶制器物中，陶鹰鼎是唯一以鸟类为造型的陶器，被誉为"国宝中的国宝"。

▲ 新石器时代　陶鹰鼎侧面

▲清 佚名 《黄河万里图卷》

这幅地图绘于清康熙时期,生动地说明了黄河河道的复杂性。仰韶文化是中国新石器时代最重要的考古文化,主要位于黄河中游地区。

去年捡到的"饲料盆",于是抱着试一试的态度,告诉了考古工作人员。工作人员来到村民的家中,看到这"饲料盆",简直不敢相信自己的眼睛!这雄鹰一般的造型、尾部和两条鹰腿形成的支点、背部和两翼之间的鼎口,简直就是将器物的特征和动物的美感融合在一起的完美杰作!

经过考古学者鉴定,这件器物就是新石器时代铸造的陶鹰鼎。在经过深度挖掘之后,工作人员在发现陶鹰鼎的地方成功挖掘到了一座成年女性的墓葬。

随着陶鹰鼎的出土,仰韶文化又一次惊艳世界。

先进工艺

陶鹰鼎是由泥质黑陶制成的,驻足站立式的雄鹰造型十分生动逼真,给人一种蓄势待发的感觉。不管从哪个角度去欣赏这只"鹰",都能感受到其健壮威猛、气势慑人的美感。

从正面看,这只"鹰"头部正上方的两只眼睛睁得很圆,看起来炯炯有神,嘴巴微微弯曲呈尖锐的钩状,像是正在等待时机捕捉猎物一般。

从侧面看,这只"鹰"体态健硕、双腿粗壮,两只翅膀紧紧贴在身体的两侧,尾部自然下垂到地上。尾部和两条鹰腿恰好构成了三个稳定的支点,让它能稳稳立住。

陶鹰鼎的鼎口设置在背部和两翼之间,呈现出一种背抱的形状,既体现了鼎形器物的特征,又将鹰这种动物的雄壮美感巧妙地呈现出来，在功能和艺术上达到了和谐统一。

作为一种容器，古代匠人为了增大其容量，还将鹰的两条腿做成了空心的，这一设计大大增强了它的稳定性。

从既实用又美观的陶鹰鼎中，便可看出古代工匠的高超雕刻技艺和审美意趣，不得不令人赞叹！

申奥大使

陶鹰鼎作为仰韶文化的代表，它的"身世"可谓曲折坎坷，在土里待了这么多年，好不容易才重见天日，结果却成了饲料盆，真是闻者伤心，见者流泪。好在它终于被考古学者发现，一跃而入博物馆中，过上了更好的"生活"。

如此珍贵的陶鹰鼎不仅仅在博物馆中供人参观，它还曾为我国申办奥运会出过一份力。

1993年，我国首次申办奥运会，国际奥委会主席萨马兰奇在北京、西安等地选取了7件非常珍贵的文物，放在瑞士洛桑新落成的奥林匹克博物馆中展出。这7件珍贵文物代表着中华民族的灿烂文化，肩负着为北京申办奥运会助威的重任。

陶鹰鼎作为7位"申奥大使"之一，向世界各地的人们展现了中华民族灿烂悠久的历史文化，惊艳了世人。

在这次出国之后不久，陶鹰鼎就被国家文物局列为首批禁止出国展览的文物，从此再也没有跨出过国门。如今国外游客想要亲眼见到这件文物，就只能来中国了。

世界十大古墓稀世珍宝之一
秦陵兵马俑

国宝档案

国宝年代：秦朝

规格：武士俑平均身高约 180 厘米，陶马高 172 厘米，长 203 厘米

出土年代及地点：1974 年出土于陕西省西安市临潼县（今临潼区）西杨村

收藏场所：秦始皇兵马俑博物馆

国宝出土

1974 年 3 月，严重的干旱威胁着陕西省临潼县西杨村村民们的生存。为了解决用水困难问题，村民们开始在秦始皇陵园东侧大约 1500 米的地方打井。

村民杨志发等人在打井的过程中，意外地发现井下有大量的陶俑残片，还有成束的铜镞、铜弩机等兵器，以及大量的地砖。

▲秦　软帽武士俑

▲秦　跪射俑　　　　　　▲秦　中级军吏俑

跪射俑是所有俑中唯一发现时就完整的俑；坑中军吏俑数量极少，出土不足10件。

▲ 秦始皇

秦始皇嬴政（公元前259年—前210年），首次完成中国大一统的政治人物，也是中国第一个称皇帝的君主。

消息传开之后不久，一支考古挖掘队伍来到了这里，开始了艰辛的发掘工作。

正所谓功夫不负有心人，在考古挖掘队的不懈努力之下，半年后他们发现了一个足以震惊全世界的奇迹——秦始皇兵马俑坑。这埋葬在地下2000多年的秦陵兵马俑宝藏开始正式向世界展示自己的雄伟壮观。

1975年，国家决定在秦陵兵马俑的俑坑原址基础上建立博物馆。与此同时，发掘的工作也一直没有停止。到1976年，考古学者又在这个俑坑北侧大概20米和25米的地方，分别发现了两处兵马俑坑。

按照发现的顺序，工作人员将这些兵马俑坑分别命名为兵马俑一、二、三号坑。在这之后，考古学者又发现了兵马俑四号坑。

1987年，秦始皇陵及兵马

俑被列入《世界遗产名录》,被誉为"世界第八大奇迹",这无疑让每个中国人都非常自豪,让全世界人民为之惊叹!

先进工艺

秦陵兵马俑最令人惊奇的要数那一个个栩栩如生、动作神态不一的陶俑形象了。

兵马俑是以现实生活为基础,经过仔细观察,细致模仿真人形象创作而成。通过细心观察我们可以发现,每一个兵马俑的装束、神态、发式、手势、面部表情都不一样,生动得仿佛真人一般。从兵马俑的装束、神情和手势,便可以一眼判断出他们是官是兵,是骑兵还是步兵。

兵马俑的雕塑采用绘塑结合的方式,陶俑烧造之前会在上面用细泥涂抹,这样彩绘就不容易脱落了。一般彩绘主要使用的颜色有红、绿、蓝、黄、紫、褐、白、黑、青九种,深浅浓淡的不同,就能呈现出不下十种颜色。彩绘的工序复杂,手法多样,对着色十分讲究,要有层次感和质感,这样雕塑和彩绘才能相辅相成,呈现最好的效果。

正因为手法多样、构图巧妙,以及技法灵活,兵马俑看起来非常真实、传神,几千个陶俑、陶马几乎无一雷同,怪不得有兵马俑是由真人炼制而成的传说呢!

兵马俑们个个凝目聆听、面容严肃、仪态英勇,带着一种秦人独有的威严和从容,让我们仿佛穿越时空看到2000多年前秦始

▲宋 赵伯驹 《阿房宫图》（局部）

阿房宫被誉为"天下第一宫",是秦帝国修建的一座朝宫,始建于秦始皇三十五年(公元前212年),与万里长城、秦始皇陵、秦直道并称为"秦始皇的四大工程"。此画风格工细绮丽,将山水与楼台结合,充分利用画面的宽度与广度,再现了阿房宫当年的恢宏气势。

皇灭六国、一统天下的霸气军容。难怪就连法国前总统希拉克都说:"没看过秦俑,就不能算来过中国!"

历史溯源

我国古代不同朝代的殉葬制度各有不同,在殷商时期,人殉制度盛行,商代的一些贵族墓中多能发现陪葬的活人尸身。到了周王朝时期,统治者吸取了殷商暴政导致灭亡的教训,推行周礼,很

▲秦 立射俑

立射俑是站立射箭姿势的轻装步兵俑,立射俑反映了秦代远程部队弓弩兵的作战方式。

▲秦 高级军吏俑

高级军吏俑身穿双重长襦,外披彩色鱼鳞甲,头戴鹖冠。出土的秦俑中级别最高的就是高级军吏俑。

▲ 秦　鞍马骑兵俑

鞍马骑兵俑塑造了秦代骑兵和战马的形象，骑兵强健精悍，战马健壮有力，说明了秦代骑兵作为新兴起的兵种，筛选的标准应该非常严格。这是研究古代军事史的重要物证。

大程度上抑制了人殉现象，但是此时人殉的习俗还没有完全杜绝。

春秋时期，社会动荡不安，诸侯争霸，人殉的殉葬方式再度兴起。战国时期，各国先后废除了人殉制度，人殉制度就此消失。社会的发展变革，使得丧葬习俗发生了改变，再往后的人们通常会使用陶俑、木俑等来代替活人殉葬。

秦始皇的兵马俑就是以俑代人殉葬的典型代表，它的规模和写实程度能达到如此高的地步，除了有赖于当时工匠们的高超手艺，还和被称为"千古一帝"的秦始皇有着密不可分的关系。正是由于秦始皇陵墓的修造，我们才能在时隔2000多年之后看到如此壮观的一幕。

憨态可掬的汉代第一俑
击鼓说唱俑

国宝档案

国宝年代：东汉

规格：高 56 厘米

出土年代及地点：1957 年出土于四川省成都市天回山东汉崖墓

收藏场所：中国国家博物馆

国宝出土

1957 年 2 月下旬，重庆铁路管理局开始修建工程项目。施工过程中，工人们偶然在天回镇东北面大约 1 千米的巫家坡挖出了一个洞。他们仔细一看，顿时吓出了一身冷汗——原来洞中埋着一口棺材。

工人们连忙停止施工，并将情况上报。四川省博物馆的负责人听闻此消息后，马上意识到这可能是一座古代崖墓，立即派遣工作人员到这里来进行调查。

经过努力，1958 年 6 月，工作人员在成都北郊天回山北麓清理出了三座土坑墓，其中一座是战国墓，一座是西汉墓，另一座则是东汉墓。

东汉墓标号为墓三，经过考古工作者排查发现，这座墓曾经被人盗过，里面贵重的金属器物和玉器等留存很少，剩下的大部分都是陶器。盗墓者不但破坏了殉葬器的位置，还将墓中很多精美的陶器都踏坏了，留下一地碎片，让人心痛。

在留存的陶器中，有很多实用生活器物的模型、仿制生活环

▲东汉　击鼓说唱俑

东汉击鼓说唱俑被称为"汉代第一俑"。

境的模型，以及家养动物类的模型，组合起来，相映成趣，看着它们仿佛就能看到千年前的生活场景。

在所有模型中，最壮观的当属陶俑，有男女舞俑、抚琴俑、听琴俑、持瓶俑、持镜俑等，让人眼花缭乱，这些陶俑的存在彰显着墓主人生前的富裕生活和社会地位。

在这些陶俑中，最著名的就是击鼓说唱俑了，它被称为"汉代第一俑"，其身上带有浓厚民间气息和地方风貌特点，因此被世人看作中国滑稽戏的鼻祖！

先进工艺

在四川省成都市天回山东汉崖墓出土的汉俑极具特色，内容也比较丰富，其中最具有艺术代表性的就是击鼓说唱俑。为什么这么说呢？这就要从它的外形说起。

这个陶俑，头戴着软小冠，用长巾缠绕了一圈，然后在前额上打了一个花结。它的上身赤裸着，下身穿着长裤，身子微微弯曲，蹲坐在地面上，光着脚，右腿抬高，脚掌向前。它的神态好像是唱到了高潮的部分，面部表情有点得意忘形，张着嘴露出牙齿，双眼眯成一条缝，引得额头上出现几道皱纹，整个人看起来憨态可掬，诙谐幽默。

而在它的左臂之下，夹着一个圆形的扁鼓，右手臂平直，手里拿着鼓槌欲击，两只手臂戴有璎珞珠饰品，呈现出说唱的样子。

击鼓说唱俑的面部表情被刻画得生动传神，显示了当时塑造

▼明　佚名　《帝鉴图说·遣幸谢相》插图

汉朝时,大臣邓通因被汉文帝宠爱,无视朝廷礼法,被丞相申徒嘉发现后上奏。汉文帝没有护短,将邓通送去接受惩罚。汉文帝虽然宠爱邓通,但他是一个贤明的君主。他在位期间继续推行汉初以来轻徭薄赋、与民休息的政策,使当时社会经济获得显著的发展,汉代陶俑就是在繁荣的经济基础上逐渐兴盛起来的。

▲ 西汉　彩绘陶舞俑

西汉的舞俑相对比东汉的舞俑线条更为舒展流畅，更凸显人物衣饰的美感。

▲ 东汉　彩绘陶舞俑

东汉的舞俑人物精巧，造型生动，形态逼真，有动感之美。

艺术的高度成就。同时，击鼓说唱俑的整体造型古朴又不失诙谐，将古代说唱艺人的神态和表演状态表现得淋漓尽致，向世人证明彼时的说唱艺术已经日益成熟，并且在民间很受欢迎，为研究中国曲艺艺术发展历史提供了重要的实物资料。

透过这个陶俑，我们在 1900 多年之后，仿佛还能听到那精彩的说唱、欢呼声和笑声！

汉帝国的民间"说唱"表演

两汉时期，中国封建社会迎来了第一个强盛时期。西汉初年，百废待兴，经济一度面临崩溃，统治者吸取了秦朝灭亡的教训，开始轻徭薄赋，发展经济。

汉文帝在位时，以身作则提倡节俭，倡导农耕，免除天下农田的租税达 12 年之久。汉景帝即位后，更是将租税减少到三十分之一，由此创造了汉王朝的第一个盛世"文景之治"。

在此背景下，民间的说唱表演开始盛行起来，皇室贵族和富豪官员中间也开始流行起蓄养俳优的风尚。其中有一些身材粗短、赤裸上身、动作滑稽的俳优，凭借出色的表演赢得关注，并进入贵族上层的府院。

汉代的俳优们一般会在表演过程中边击鼓边唱歌。他们经常随侍在主人左右，即兴表演，通过滑稽、讽刺的演出博得主人和观看者的欢笑。被誉为"汉代第一俑"的击鼓说唱俑的主人应该就是一位乐于观看表演的人，不然也不会将如此惟妙惟肖的击鼓说唱俑作为自己的陪葬明器。

稀世珍品青瓷之王
青釉莲花尊

国宝档案

国宝年代：北朝

规格：高 67 厘米，口径 19 厘米，足径 20 厘米

出土年代及地点：1948 年出土于河北省景县封氏墓群

收藏场所：北京故宫博物院

国宝出土

在河北省衡水市的景县，有一个被称为"十八乱冢"的封氏墓群，在距离它 1 千米左右的地方，分别坐落着后村、陈村和小村 3 个村庄。1946 年，景县周围的村庄之间流传着这样的传说：十八乱冢就是"十八牢"，里面住着"十八仙"。因此村民们经常会来这里烧香上供，没有人敢乱动乱掘，生怕触怒里面的"神仙"。

1948 年 5 月，当地实施土地改革之后，村民们为了破除迷信，一致决定开掘墓群,一探究竟。后村和小村的村民们小心翼翼地挖开了这些墓,从没有塌陷的墓中取出了大量随葬品,其余已经塌陷的墓葬则没有动。

村民们将这些发现上报给了有关部门,很快就有考古学者来到这里进行调查。原来这个墓群乃是南北朝时期北方名门望族封氏家族的墓地。墓地原有封土墓18座,现存15座。在这些墓中,工作人员发现了铜器、青瓷器、彩绘陶俑、墓志等文物300多件,为研究北魏至隋朝时期的墓葬乃至社会的政治、经济、文化等各方面状况,都提供了重要依据。

在众多出土文物中,最令人瞩目的当属器型硕大、造型精美、花纹复杂的青釉莲花尊,它堪称南北朝瓷器

▲ 北朝　青釉莲花尊

我国南北朝时期的青釉莲花尊,浮雕莲瓣是其重要的造型特征。

▲ 六朝　青瓷莲瓣纹六系带盖罐　　▲ 南朝　莲花尊　　▲ 南朝　寿州窑青釉贴塑罐

▲ 南朝　青瓷莲花尊　　▲ 北朝　青釉莲花尊　　▲ 北齐　黄釉莲花尊

▲ 北齐　黄釉绿彩四系刻花罐　　▲ 北齐　青釉仰覆莲花尊　　▲ 隋　青釉模印塑贴四系罐

中的精品之作。青釉莲花尊工艺复杂、刻画精巧，具有浓郁的宗教气息，让人忍不住细细打量……

先进工艺

收藏于北京故宫博物院的青釉莲花尊，造型独特，装饰中带有浓厚的佛教色彩。它的整体造型为圆唇，侈口，长束颈，圆肩，卵形腹，高足胫，大圈足，比之在别的地方收藏的青釉莲花尊，只少了盖子。

青釉莲花尊的颈部以弦纹为界线，分为上、中、下三部分。第一部分，也就是上部，均匀地贴塑着四个飞天，飞天之间以云纹装饰，显得飞天的身体十分轻盈飘逸；第二部分为中间部分，均匀地贴塑着六个宝相花；中部和下部之间有三道紧密的凸弦纹隔开，下部紧密贴塑排列着四组兽面和两组蟠龙的纹饰。

青釉莲花尊的肩部均匀排列着复式双系耳六个，腹部共有五层凸雕莲花。第三层位于器腹中部，不仅莲瓣最大，就连莲尖也凸出最长。上两层是贴塑双瓣覆莲，莲瓣看起来十分饱满，瓣尖堆积着深绿色的翠釉；第二层的莲瓣之间贴塑菩提叶，正好垂落在第三层的莲瓣上。下腹有第四层和第五层莲瓣，都是仰莲的样式，瓣尖微微向外凸起，虽然造型也很好看，但是远不如上腹的莲瓣看起来生动。

青釉莲花尊整体的釉色呈现青绿色，中间某些部位有一点青中泛黄，但是施釉还是比较均匀的；在纹饰的凹处因为积釉比较厚，

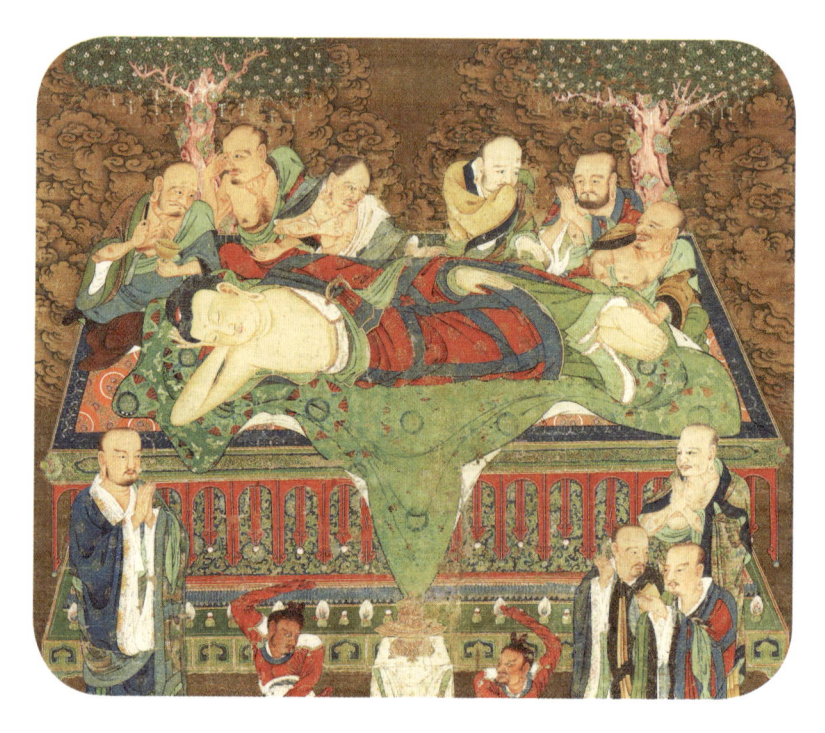

▲南宋　陆信忠　《佛涅槃图》（局部）

此图为佛教文化的经典作品。作品描绘了佛教传说中释迦在跋提河边的婆罗双树之间圆寂的情景。作者居于宁波，有人设想这种图画形式形成的背景是南宋宁波成熟的信仰文化。此前的魏晋南北朝时期，佛教兴盛，即有很多器物采用与佛教有关的装饰，像青瓷之王青釉莲花尊上的装饰就与佛教有关，很有可能是一种佛教用器。

会有玻璃的质感，晶莹明亮。足部位置的那两层覆莲，莲尖竖直凸起的瓣尖堆积厚釉，呈现出墨绿色。

如此精细完美的制作工艺，即便是在科技发达的现代也要费上一番功夫，这让我们不得不感叹古代匠人们的高超手艺。

青釉莲花尊的独特用途

如此精美且造型独特的青釉莲花尊到底是用来做什么的呢？其实目前还没有非常明确的考古资料和古籍记载提到青釉莲花尊的用途，不过通过对当时社会背景的分析和判断，我们还是能够对其用途推测一二的。

佛教从汉代起传入我国，到魏晋南北朝时期受到统治者的重视和大力扶持，一时间大量的佛寺开始建造，甚至在梁武帝时期佛教一度被立为国教，这足以看出南北朝时期佛教的兴盛。

青釉莲花尊上的很多装饰都与佛教有很深的关系，比如莲花就有"佛门圣花"的美誉，被世人看作佛教的象征。再比如菩提是"佛门圣树"，忍冬、飞天等纹饰也都和佛教有关。因此我们可以推测青釉莲花尊很有可能是一种佛教法器。

青釉莲花尊出土于高级贵族的墓葬之中，因此它也有可能是南北朝时期上层贵族死后专门随葬用的明器。

东方艺术瑰宝
唐三彩

国宝档案

国宝年代：唐代

规格：黄、白、绿主色陶瓷，以人物俑、动物俑为主

出土年代及地点：1905年出土于河南省洛阳市北邙山唐代墓葬

收藏场所：主要收藏于中国国家博物馆

国宝出土

1905年，在修筑陇海铁路洛阳路段的过程中，工人们在洛阳北邙山附近施工，不小心毁坏了一批唐代的墓葬，从中出土了数量颇多的三彩器皿、动物和人物俑。古玩商将其运往北京，引起了著名学者罗振玉的注意。罗振玉在自己的文章里介绍了这种唐代彩陶的价值，唐三彩遂蜚声海内外。但是唐三彩的烧制地点还存在疑问。

之后在洛阳地区不断有唐三彩出土，光是洛阳市内出土唐三彩的地点就有20处以上，所出土的唐三彩数量更是超过500件。

东方艺术瑰宝：唐三彩 | 041

    1976年，有关部门在全国进行大规模文物普查，工作人员在洛阳附近的巩县（今巩义市）大、小黄冶村见到了一条有两个名字的小河，它的上游叫"白冶河"，而下游叫"黄冶河"。工作人员在上游的白冶河畔发现了一些白色的陶瓷碎片，这个发现让所有人都很兴奋，他们继续顺着河岸一直向下，细细寻找，不放

▲ 唐　三彩盖罐

通高23.5厘米，口径12.8厘米，足径12.8厘米。此三彩盖罐器型完整，是唐三彩的代表作；釉彩鲜明亮丽，纹饰仿唐代流行的蜡缬染织物的图案纹样。

▲ 唐三彩陶仕女俑

该俑身材匀称，姿态优美，表情生动，是唐三彩仕女俑中的精品。

过一丝一毫的可能。终于，一块小小的彩色陶片引起了工作人员的注意。古窑址终于出现在黄冶河畔，人们的情绪越发高涨。随着发掘的深入，他们发现在这些古窑中留存最多的竟然是唐三彩的陶片。唐三彩的窑址终于被找到了，黄冶河就是烧制彩陶的地方。

尽管现如今黄冶河畔已经没有唐三彩的作坊，但我们依然能够通过现代的制作工艺，了解唐代烧制唐三彩的过程。

先进工艺

唐三彩的全名为唐代三彩釉陶器，是中国古代陶瓷烧制工艺中的珍品，在唐代十分流行。唐三彩属于低温釉陶器，釉彩有黄、白、黑、绿、褐、蓝等多个颜色，其中陶器成品多以黄、白、绿三个颜色为主，所以人们习惯称它为"唐三彩"。

唐三彩的制作工艺十分复杂，首先要对开采来的矿土进行挑选、舂捣、淘洗、沉淀、晾干等多个步骤的精细加工，然后再利用模具将其制成胎，放入窑中烧制。

唐三彩的烧制要经过两次，第一次烧制后黏土变成素胎，等到冷却过后，再施以配制好的各种釉料入窑釉烧。铅釉的流动性比较强，因此在烧制的过程中，釉面会向周边扩散流淌，各种色釉互相浸润交融，就慢慢形成了自然而又五彩斑斓的色彩。这样唐三彩的制作就完成了。

而有一些人物唐三彩作品工艺更复杂，釉烧出来后，需要再开脸才行。因为在古代，人物俑的头部是不上釉的，需要人为地

▲宋　赵佶　《唐十八学士图卷》（局部）

此图为典型的唐代文人应酬场面，节选了其中的游园部分。此素材来源于唐代的历史故事，唐太宗大开文学馆招揽了许多能臣贤士，图中的杜如晦、房玄龄等人为李唐天下做出了突出贡献。彼时唐朝政治清明，社会稳定，经济繁荣，厚葬之风日盛，唐三彩就是在这样的背景下发展起来的，很多唐代的王公贵族都使用唐三彩陪葬。

▲ 唐三彩天王神像

神像作立姿武装打扮，一手叉腰，一手前举握拳，神态极为威武。

▲ 唐三彩镇墓兽

兽首面目狰狞，獠牙龇露，凶猛异常，有很强的威慑力。镇墓兽一般置于墓门口，起镇魔辟邪的作用。

进行画眉、点唇和画头发等，等这些步骤都完成，一件人物唐三彩作品才算完成。

唐三彩有如此斑斓的釉彩、光滑的色泽、精致的造型，怪不得能被这么多人热烈追捧，还被称为中国古代陶器中的一颗璀璨明珠。

独特魅力

唐三彩的复制和仿制工艺，在洛阳已经有近百年的历史了，经过了几代工匠的潜心研究，目前唐三彩的工艺技术已经逐渐完善，烧制的水平也在慢慢提高，使得"洛阳唐三彩"的艺术水平达到了一定的高度。

新中国成立以后，人们对唐三彩的关注度提高，再加上唐三彩复原工艺的发展，人们开始用唐三彩装饰书房或将其赠送给亲友。

唐三彩的魅力远不止于此，它还深受海外人士的喜爱，曾经在有80多个国家和地区参加的国际旅游会议上被评为优秀的旅游纪念品，被誉为"东方艺术瑰宝"。

我们国家还曾经将唐三彩骆驼、大马等作为国礼，赠送给多个国家的元首和政府首脑。从这一点就足以看出，唐三彩在我们的文化交流中起到了多么重要的作用。

唐代的精巧手持灯座
邢窑白釉雕莲瓣座灯台

国宝档案

国宝年代：唐代

规格：高 30.5 厘米

出土年代及地点：1956 年出土于河南省陕县（今陕州区）刘家渠唐墓

收藏场所：中国国家博物馆

国宝出土

河南省陕县地处中原地区水陆交通的咽喉位置，在汉唐时期非常著名且繁盛，但是在宋代迁都汴梁之后，就慢慢衰落下来。

1956年，黄河水库考古工作者在这里发掘出了约223座墓葬，其中多为汉墓和唐墓，还有少数宋墓、金墓等。白釉雕莲瓣座灯台就出土于河南省陕县刘家渠唐墓之中。

白釉雕莲瓣座灯台设计精巧，不仅美观，还很实用，有了它，古人就可以用手直接拿着蜡烛随意移动，再也不用担心会被蜡油烫到手了。

先进工艺

白釉雕莲瓣座灯台由三部分组成，分别为灯盘、台柱和承座。

灯盘呈浅钵形，中间的圆筒用来放置蜡烛。蜡烛是唐代时期主要的照明用具，古人在设计灯台的时候，通常会在灯盘的中心设计一个圆筒，用来插放蜡烛。蜡烛燃烧后，产生的烛泪可以通过灯盘进行回收，古诗中提到的"泪滴杯盘何所恨"形容的就是烛泪滴在灯盘中的情景。

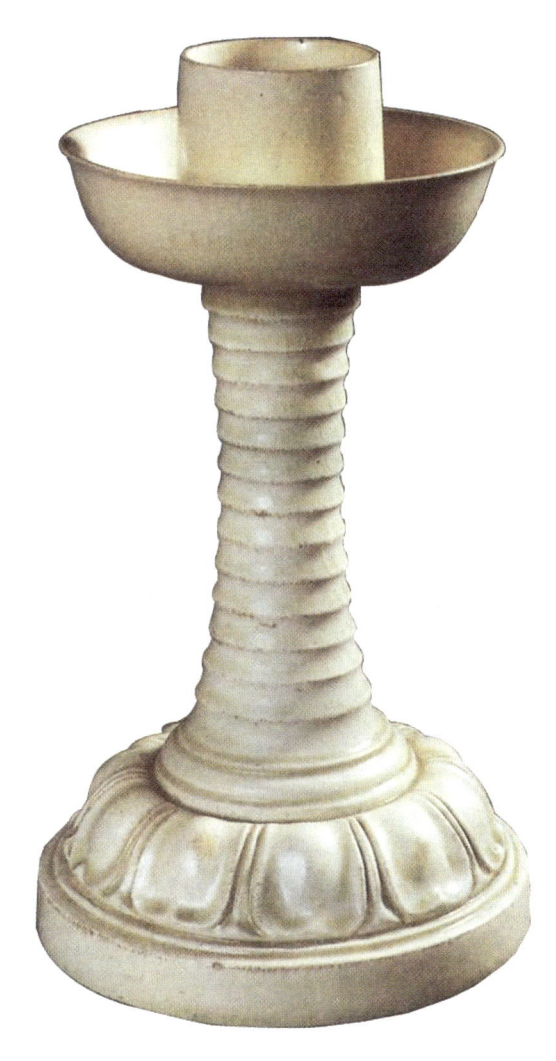

▲ 唐　邢窑　白釉雕莲瓣座灯台

此为唐代邢窑的代表作，设计精巧，美观又实用。

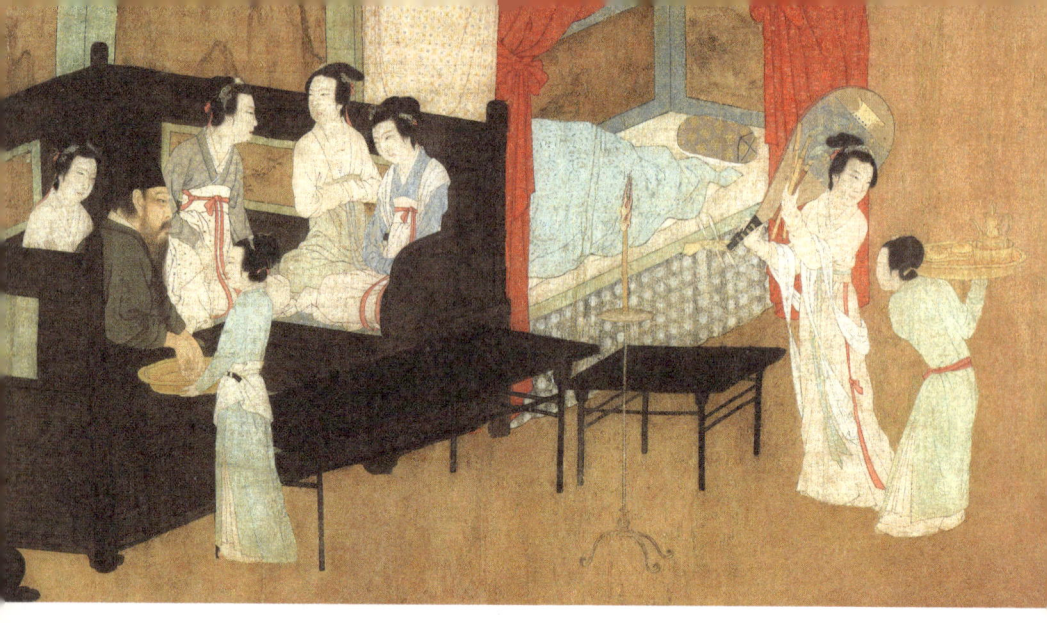

白釉雕莲瓣座灯台的台柱细长挺拔，上面有多个圆圈似的瓦棱旋纹，这样的设计不仅可以对台柱进行装饰，打破台柱的单调感，还能使灯台在执握的时候不容易滑动。承座上有凸出雕刻的莲花瓣纹路，底部有一个墨书的"永"字，这可能和白釉雕莲瓣座灯台主人的姓名有关。

　　整个白釉雕莲瓣座灯台胎质细密，外表坚硬又不失柔和的光

▲ 五代　顾闳中　《韩熙载夜宴图》（局部）

此图描绘了官员韩熙载设夜宴的场面。整幅作品线条流畅，场景热闹，不仅描绘了人物、乐器，还有烛台这些细小之物。画面中的烛台制作简易，虽然不如白釉雕莲瓣座灯台设计精巧，但也实用合体，上面的蜡烛正在燃烧。

泽，釉色白润，堪称唐代邢窑的代表作，也难怪古人会在《夜会问答十》中写道："莲花烛，亭亭嫩蕊生红玉。"如此精美的白釉雕莲瓣座灯台谁不想拥有呢？

"高贵"的邢窑

别看白釉雕莲瓣座灯台小小的，好像除了精美没什么特别的了，其实它的"家族背景"非同一般。

白釉雕莲瓣座灯台产自唐五代时期最著名的白窑瓷厂——邢窑。在那个时期，邢窑的白瓷可是有"天下无贵贱而通之"的美誉，

▲五代　周文矩　《明皇会棋图卷》（局部）

全幅画卷上有8个人物，唐明皇前置一棋局，官员1人、和尚2人、道士2人、优人1人、侍从内官1人，真实地反映了唐代宫廷中的人物活动。唐朝国力强盛，生活用具方面愈加精巧细致，出土的白釉雕莲瓣座灯台就体现了当时的社会生活状态，也说明了唐代工艺品的精良。

▲ 西晋　越窑　青瓷狮形灯台

▶ 西晋　越窑　青瓷熊形灯座

灯座敞口，弧腹，腹部造型为一蹲状熊，左前爪握一果子，整个熊身布有连珠纹及刻划纹，造型生动可爱。

在唐代，邢窑白瓷还曾经作为贡品被进贡到宫廷中，供皇室使用。

唐代内丘的邢窑，可谓一代名窑，这里产出的白瓷不但胎体轻薄，品质坚硬，还洁白如雪，釉质滋润，既兼顾了美感，又庄重大气，颇有盛唐之风。

有如此厉害的"家族背景"，白釉雕莲瓣座灯台的珍贵程度哪是一般凡物可比的呢！

▲唐　邢窑　白釉小壶

高10.5厘米，口径2.5厘米，足径5.3厘米。此壶造型小巧，釉质白润，是河北邢窑唐代的产品。唐代时，邢窑是北方的著名瓷窑，以烧白瓷为主，兼烧黄釉、黑釉、三彩品种。

▲五代　邢窑　白釉仰莲式注子

白釉仰莲式注子是五代时期的文物，腹部浮雕六瓣仰莲瓣纹，远观全器似一朵绽放的白莲花。

瑰丽多变可抵万金的窑瓷精品
钧窑玫瑰紫釉葵花式花盆

国宝档案

国宝年代： 宋代

规格： 高 15.8 厘米，口径 22.8 厘米，足径 11.5 厘米

来源： 清宫旧藏

收藏场所： 北京故宫博物院

国宝出土

钧瓷是我国宋代的五大名瓷之一，它以独特的釉料以及烧制方法产生的神奇窑变而闻名天下，深受陶瓷爱好者的喜爱和追捧。玫瑰紫釉葵花式花盆就是钧窑出品的精品瓷器。

相传在北宋初年，河南禹州有一位姓李的老汉，他带着自己的儿子经营了一个小瓷窑，以烧制民用的青釉瓷器为生，一家人起早贪黑，生活很是辛苦。

一天，正赶上一窑新瓷器烧好了，儿子在打开窑门的瞬间就被里面的瓷器惊呆了：在一堆青釉瓷器中，一件紫红釉色、晶莹明亮的花盆格外显眼，它透着迷人的光泽，宛如一位亭亭玉立的少女，秀雅又美丽。

儿子连忙将这件事情告诉了父亲。父亲十分惊喜，如果以后他们一直能烧出这样精美的瓷器，那岂不是要发大财了？于是他

▲宋　钧窑　玫瑰紫釉葵花式花盆

高15.8厘米，口径22.8厘米，足径11.5厘米。此花盆呈六瓣葵花式，造型优美端庄，曲线起伏婉转，器里的灰蓝色釉与外表的玫瑰紫釉相映生辉，宛如一朵盛开的葵花，令人回味。

▲ 宋　钧窑　天蓝釉红斑花瓣式碗

高 4.8 厘米，口径 9.5 厘米，足径 3.5 厘米。此碗造型别致，宛如一朵盛开的花朵，妩媚多姿；蓝、紫相间的釉色，又如同天空中飘浮的彩云。

们赶忙又烧了一窑，却再也烧不出那美丽的紫红色瓷器。

　　这可把李老汉给愁坏了，正当烦恼的时候，他恰巧在窑棚的一个角落发现了端倪——地上有一些金属粉末。他一问儿子才知，前几天下大雨，儿子邀请一位修理铁器、铜盆的工匠在窑棚下避雨，这个工匠还在窑棚下修理铜器，估计就是那时候留下来的金属粉末。

老汉心中猜测着铜屑和那件紫红色瓷器的关系，决定试一试，于是他将铜屑加入了坯料里。在焦急的等待中，瓷器终于烧成了，果然和之前的花盆颜色一样。

我们今天看到的玫瑰紫釉葵花式花盆便是采用这种工艺烧制的，多亏了这次意外我们才能看到这么美丽的钧瓷花盆。

先进工艺

北宋时期钧窑出品的玫瑰紫釉葵花式花盆，做工十分精美。花盆整体呈现六瓣葵花造型，折沿、口沿边起棱，深腹，圈足。花盆的盆壁里、外分别凸起和凹进六条直线纹。内外两边都是满釉，釉色是窑变之后的玫瑰紫色，边、线等呈现出酱色。在花盆的底部有五个渗水用的圆孔，在外底的位置还刻有一个数字"七"。

玫瑰紫釉葵花式花盆的出现，使得工匠们掌握了一套利用铁、铜等金属不同的特点，采用高温还原焰烧出铜红窑变或天青色、月白色等多种颜色色釉的烧瓷方法。这一工艺的出现彻底打破了以往只有单色釉瓷器的局面，为后世烧制精美的瓷器提供了更多可能。

这个玫瑰紫釉葵花式花盆如同一朵正在盛开的葵花，典雅中显现着贵气，内外双色的渲染更显珍贵绝美，一直以来都是皇室专用瓷器。

▲北宋 张择端 《清明上河图》（局部）

作品生动地描绘了中国北宋都城东京（又称汴京，今河南开封）的城市面貌和当时社会各阶层人民的生活状况，是东京当年繁荣的见证，也是北宋城市经济情况的写照。宋朝的制瓷工艺非常发达，钧窑出品的玫瑰紫釉葵花式花盆工艺考究，十分精美，也反映了当时社会的繁荣进步。

钧窑在宋徽宗时期达到高峰，其工艺技术发挥到极致。无论是呈色和各种纹理的表现，还是实现窑变可控的技术，后世至今无人能仿造。整体风格规整对称，高雅大气。其势沉重古朴，明亮而深沉。

▲宋　钧窑　灰紫釉渣斗式花盆

高 21.5 厘米，口径 23 厘米，足径 13.5 厘米。花盆呈渣斗式，通体施灰紫色釉，釉面开有细碎片纹。此花盆造型端庄、古朴，釉色纯净典雅。

▲元　钧窑　天蓝釉碗

此碗釉色呈现出如火焰蓝光般色泽，碗身圆口微敛，透出浅浅的胎骨褐色，向下渐收，弧腹略深，线条流畅，无釉圆足裸露出内部的土黄色胎骨，整体造型十分饱满圆润。

数字"七"的秘密

在玫瑰紫釉葵花式花盆的外底位置有一个神秘的数字"七",这到底是用来记录什么的呢?难道是出窑的顺序吗?还是有什么特殊的含义?

相传当年宋徽宗建立钧官窑,钧瓷每年要按照皇宫设计的样式进行生产,定期进贡。这次又到了一年一度进贡的日子,一个姓杨的督窑官精挑细选了 36 套花盆和花盆托亲自送往京城。

▲ 宋　钧窑　玫瑰紫釉葵花式花盆(底部)

花盆底有五个渗水圆孔,外底刻画数字"七"。

在进京之前,检验官需要先过目。检验官是个贪官,本想挑出点儿毛病借此捞一笔,却没能找出问题,于是他就使坏,将所有的花盆和花盆托全部掉了个儿。

瓷器送到皇帝面前,宋徽宗勃然大怒,幸好得人解围,杨督窑官才将花盆和盆托重新组合,逃过一劫。回到窑厂的杨督窑官不由得想:要是下次又出现类似情况可怎么办?

这天,窑厂来了一位老人,杨督窑官见他可怜,便好好招待了他一番。老人临走之前给杨督窑官留下了几个字:一对一,二对二,背朝天,写数字。老人嘱咐杨督窑官说这几个字对他有用。杨督窑官苦思冥想,最终明白了老人的意思:这不就是让他在花盆和盆托的底下标记对应的数字吗?这样就不会弄混了!

九大镇国之宝之一
定窑白釉孩儿枕

国宝档案

国宝年代： 宋代

规格： 高 18.3 厘米，长 30 厘米，宽 18.3 厘米

出土年代及地点： 1985 年到 1987 年期间出土于河北省定窑遗址

收藏场所： 北京故宫博物院

国宝出土

20 世纪 30 年代，我国著名陶瓷学者叶麟趾先生根据古典文献的记载，对河北曲阳涧磁村一带的村落田野进行考察，通过对一些破碎瓷片的分析辨认，最终找到了定窑遗址。

1960 年到 1962 年，河北省文物工作队对涧磁村进行了局部试掘，出土了一批瓷器和窑具；后来在 1985 年到 1987 年，又相继出土了很多瓷器、铜器、钱币等共计 1 万余件文物。

在众多出土文物中，有一个憨态可掬、俯卧着的娃娃吸引了众人的注意。这是用来做什么的呢？考古工作者经过研究和调查，发现它正是宋代的瓷枕，也就是孩儿枕。

或许现代人会有这样的疑问：瓷器做的枕头难道不硌得慌吗？但是古代人却认为瓷枕才是"最能明目益睛，至老可读细书"的最佳夏令寝具。

先进工艺

现存于北京故宫博物院的定窑白釉孩儿枕，堪称中国陶瓷史上的

▲宋　定窑　白釉孩儿枕

枕作孩儿俯卧于榻上状，以孩儿背作枕面，故名"孩儿枕"。定窑瓷器讲求布局严谨、线条清晰、工整素雅、密而不乱、层次分明。

黄香扇枕温衾十二

▶清 王素 《二十四孝·黄香扇枕温衾》

此图描绘的是黄香尽心照顾父亲的场景,后形容对父母十分孝敬。古代重视子嗣,有"拴娃娃"习俗,婚后女子到天后宫祈求送子娘娘赐予孩子,用红线拴住泥娃娃抱回去,供奉起来。后来还出现了孩儿枕,人们也像对待泥娃娃一样供奉着孩儿枕。

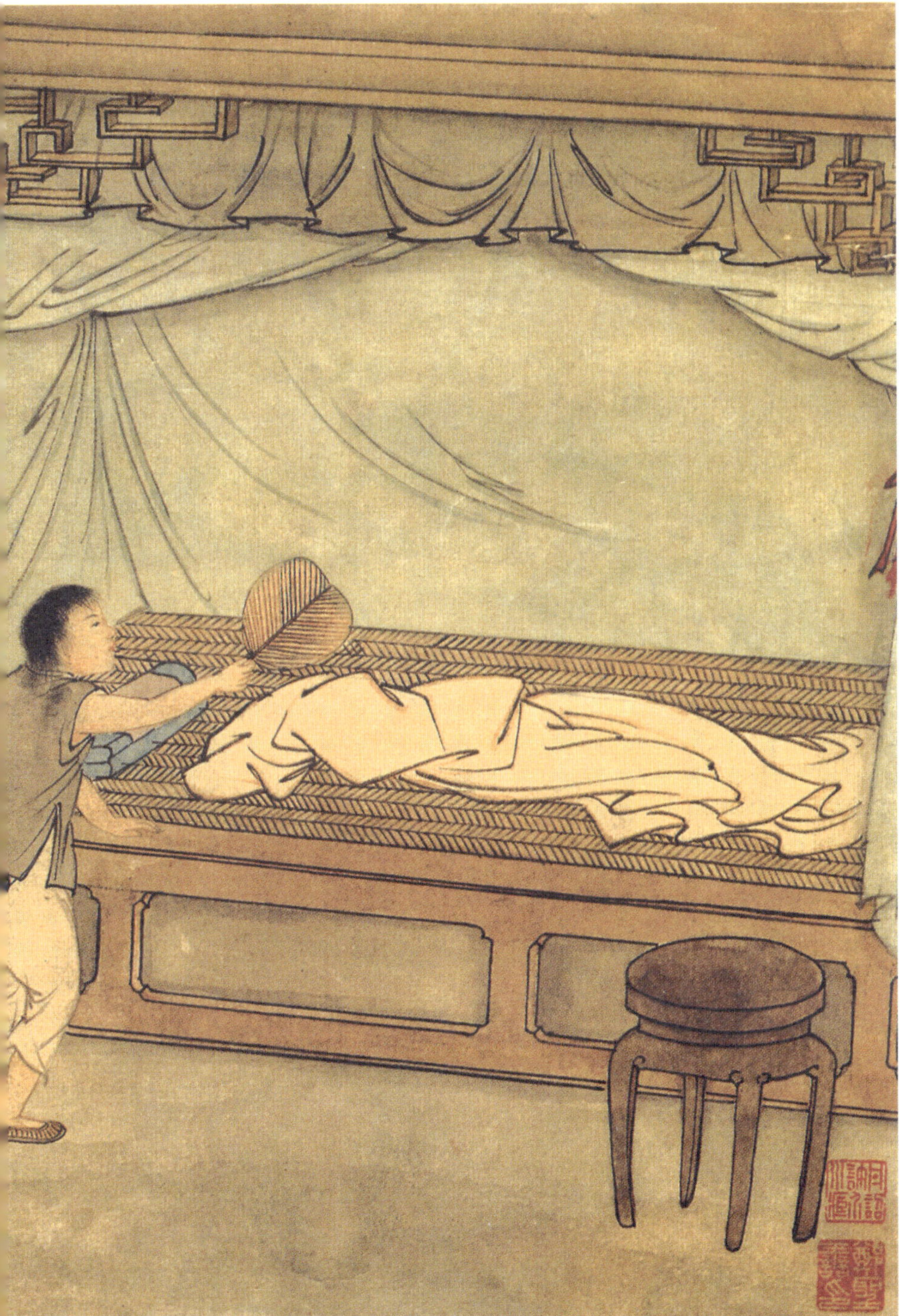

经典之作，它的造型独具匠心，将小孩子的天真活泼刻画得极为生动。

整个孩儿枕的造型为一个可爱的小男孩俯卧在榻上的样子。瓷枕以孩子的后背为枕面，孩子的双臂交叉环抱着，将自己的头枕在手臂上，臀部微微鼓起，两只可爱的小脚相叠向上翘起，一副轻松自在的样子。

定窑白釉孩儿枕对孩子身体的局部刻画非常写实，仔细观察就能发现孩子眉清目秀，眼睛圆润有神，胖乎乎的小脸蛋两边有两绺孩儿发。孩子身穿长袍，外面罩着坎肩，长衣下部印着团花纹，下身穿着长裤，脚下蹬着软靴，手里拿着绣球。孩儿枕的底座是一个床榻的造型，为长圆形，四面有海棠式的开光，开光内外模印着螭龙及如意云头等纹路。底部为素胎无釉，有两个通气孔。

孩儿枕整体线条柔和流畅，栩栩如生，将孩子的调皮可爱描绘得极为传神，连衣服上的花纹都非常精细，怪不得会被《国家人文历史》评为"镇国之宝"。

传说中的"娃娃大哥"

孩儿枕在民间有一个"娃娃大哥"的称号，大家知道这个称号是怎么来的吗？

在中国古代有一个习俗，叫作"拴娃娃"，就是婚后不孕的妇女可以到当地的天后宫祈求送子娘娘赐予自己一个孩子，然后用红线拴住一个泥娃娃抱回去，供奉起来，以此来保佑自己能顺利怀孕。

九大镇国之宝之一：定窑白釉孩儿枕

北宋时期，定窑附近有一对擅长烧窑的夫妻，他们结婚多年，非常恩爱，但是到了而立之年也没能怀上孩子，于是他们便遵从习俗请了一个泥娃娃回来。可是一年多过去了，妻子还是没有怀上孩子。妻子非常伤心，丈夫一气之下就将泥娃娃摔碎了，妻子甚至觉得自己可能一生也没法生孩子了。

当天晚上，妻子就梦到了一个可爱的小孩子，一直叫她娘，直到醒来，妻子还一直记得孩子的样子。于是，妻子就在坯土上描摹出了一个小孩模样的瓷枕。丈夫见状，就将其精心烧制出来，送给了妻子。妻子枕着它，仿佛就能看见自己喜爱的那个孩子。

没承想，半年后妻子竟然怀孕了。他们认为是孩儿枕起了作用，于是像民间对待泥娃娃一样，供奉孩儿枕。等孩子出生后，按照民间的习俗，孩儿枕就成了孩子的大哥，"娃娃大哥"的称号也就这样流传下来了。

▲ 宋　定窑　孩儿枕（残）

长15.2厘米，宽9厘米，高11厘米。此枕长方形托座，上饰一枕臂侧卧的熟睡小童，釉下印有婴戏莲花纹。托座底中空，涩胎，无釉，上有墨书"元祐元年八月廿七日置太□刘谨记此"。

长得像青铜器的瓷器明珠
官窑青釉贯耳瓷瓶

国宝档案

国宝年代： 南宋

规格： 高 22.8 厘米，口径 8.3 厘米，足径 9.6 厘米

出土年代及地点： 1998 年出土于浙江省杭州市老虎洞窑址

收藏场所： 中国国家博物馆

国宝出土

老虎洞窑址位于杭州市上城区凤凰山与九华山之间的一条狭长溪沟的西边。1996 年 9 月，因为有人盗挖溪沟边上的碎瓷片，被人发现举报，这才引出了老虎洞窑址的秘密。

听闻消息之后，考古工作者在杭州市开展了为期一个月的文物考古调查。在调查过程中，考古工作者发现了两个窑炉和作坊遗址，出土了少量的瓷片、素烧坯以及窑具等。专家经过辨认，确定这里就是宋代修内司官窑遗址。

1998年到2000年间，经过国家文物局的批准，杭州文物考古工作者对老虎洞窑址进行了两次大规模的考古挖掘，取得了重大成果。工作人员在考古挖掘中发现了很多仿商周时期青铜器的尊、鼎、炉等陈设用的瓷器和祭祀用的礼器。

其中南宋官窑出产的青釉贯耳瓷瓶，看起来端庄典雅，釉质光润如玉，带有明显的"蟹爪纹"，十分特别。

先进工艺

官窑青釉贯耳瓷瓶是南宋时期的陈设品，它是仿照古代青铜壶的造型烧制而成的。它的腹部矮短，圆润如苹果的形状；正中向上伸出瓶颈，瓶颈的顶端有对称的管状双耳，即贯耳，竖向黏附在瓶子的

▲南宋　官窑青釉贯耳瓷瓶

此瓶仿古代青铜器投壶造型，胎薄体轻，光滑釉亮，直口阔腹，端庄典雅。

▲ 明 仇英 《临萧照中兴瑞应图》

《中兴瑞应图》卷为南宋萧照所作,取宋高宗赵构即位前的种种瑞应传说为内容,根据曹勋辑"瑞应诸事"所写赞文描绘而成,是一幅歌颂赵构重建王朝的作品。此为明代画家仇英摹古之作。靖康之变后,宋高宗南渡,设立新窑生产宫廷专用的御品,南宋的官窑创造了中国青瓷史上的巅峰。

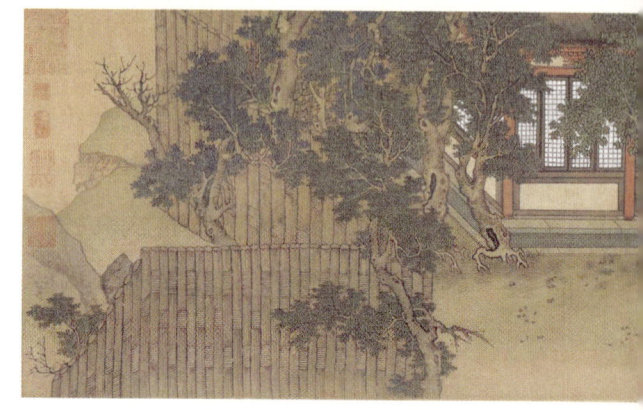

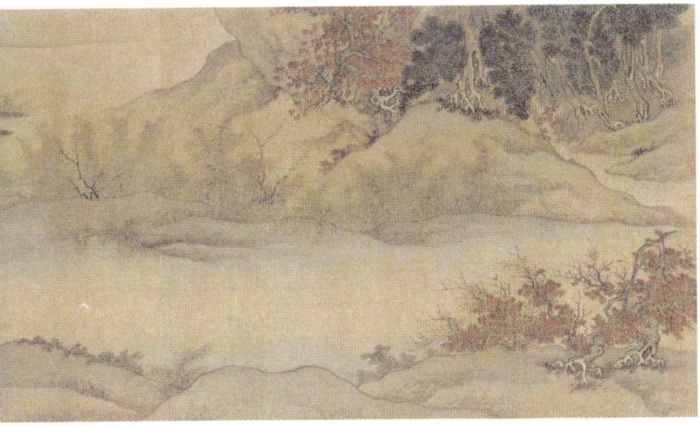
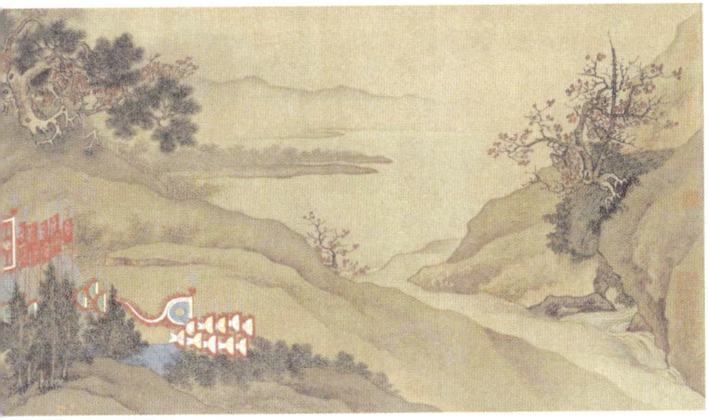

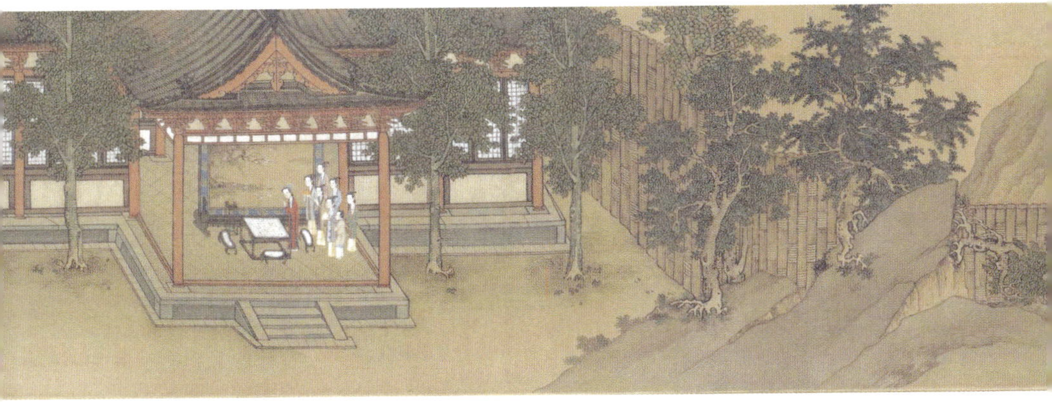

宋代官窑精品尤其体现在釉质上的釉层滋润，介于丝绸光泽与羊脂般的美玉质感之间，鱼子纹的晶莹奇妙之处不可言传。技术的保密使得后世的收藏家与制瓷专家们只能用各种方法去猜测它的工艺。

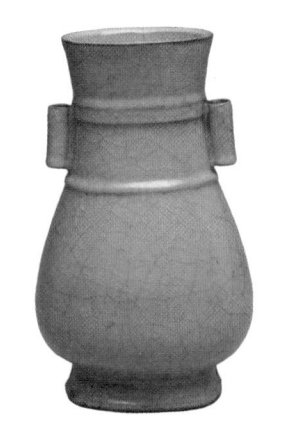

▲南宋　官窑　青瓷弦纹贯耳壶 　　▲南宋　官窑　青瓷贯耳壶

▲南宋　官窑　青瓷葵口碗 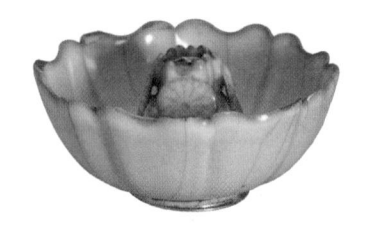　　▲南宋　官窑　青瓷盏

直径两侧；贯耳与足部两侧的长方孔相对应，可以穿系绳带。

官窑青釉贯耳瓷瓶胎体轻薄，釉质细腻有光泽，仿若玉器一般，开片有蟹爪纹，但是因为釉质太过轻薄，在口沿和棱角的地方容易露出提胎色。

此等釉色厚润的青瓷瓶已经是宋代瓷器中的珍品，说它代表了当时青瓷的最高水准也不为过。

稀少的"瓷器明珠"

熟知宋代历史的人都知道，整个宋代分为北宋和南宋两个时期。靖康之变后，北宋灭亡；宋高宗南渡，建立南宋。

南渡后，为了生产宫廷专用的御品，宋高宗在临安另设新窑，"置窑于修内司"，并称南宋官窑为"新官"。南宋的官窑继承了河南汝州官窑端庄简朴的造型特点，又将南方越窑、龙泉窑等薄胎厚釉的特点融进了制瓷工艺之中，创造了中国青瓷史上的巅峰。

但是随着南宋皇朝的覆灭，不但官窑被毁，工匠们也都四散，沦落各地。由于官窑青瓷烧造的时间不长，传世的珍品已经不足百件，且散落在世界各地，因此其又被称为"瓷器明珠"。官窑青釉贯耳瓷瓶就是为数不多的南宋官窑青瓷工艺品，其珍贵程度可谓非同一般。

▲宋高宗坐像

高级陶瓷水壶
鸡冠壶

国 宝 档 案

国宝年代： 辽代

规格： 高 30 厘米，底径 7.4 厘米，口径 5.8 厘米

出土年代及地点： 1964 年出土于河北省迁安县（今迁安市）辽开泰六年（1017 年）韩相墓

收藏场所： 河北省平泉市博物馆

国宝出土

河北省迁安县西南约 25 千米的地方有一个小山村，名叫上芦村。这里的地势北高南低，层层起伏，许多坡地被开发成了梯田。

1964 年，有一天上芦村生产队的社员翻地的时候，突然发现有些不对劲，地底下好像埋着什么东西，赶忙上报给了生产队。当地的文物工作者听闻消息后，迅速来到这里进行调查，果然在娘娘岗南坡之下的一块狭长梯田上，发现了韩相墓。

高级陶瓷水壶：鸡冠壶 | 077

韩相墓中共出土了 11 件器物，其中最亮眼的当属两件绿釉的水壶样式的器物。这到底是用来做什么的呢？

原来，契丹族人骁勇善战，长期过着游牧生活，在随身携带的众多物品中，最重要的就是用来装水和酒的皮囊了。即便后来他们慢慢过上定居的生活，但是随身携带皮囊的习惯却保留了下来。

后来契丹人学会了烧制瓷器，就仿着皮囊的样子做成了瓷器，这就是早期的鸡冠壶。因为壶的上部有鸡冠状的孔鼻，所以取名鸡冠壶。

▲ 辽　绿釉双猴攀系鸡冠壶

此鸡冠壶扁体，短直管状口，上面有盖子，旁边有双孔系，平底内凹。器身至足底覆以绿色铅釉，两侧阴刻卷草纹，整个器物典雅华贵，是辽陶瓷中的佼佼者。

先进工艺

一说起辽代的代表瓷器，少不了要提单色釉鸡冠

▶辽　萧瀜　《花鸟图》（局部）

萧瀜（约11世纪），契丹人，为辽国贵族，好读书，喜好绘画，凡有人到宋国，必要求购买名画，带回来作为学习范本。契丹人不仅对汉人的绘画感兴趣，生活习惯也受到中原影响，在与中原文化频繁接触中，契丹人学会了制瓷，并烧制了许多形似皮囊的鸡冠壶。

壶。现存的辽代单色釉鸡冠壶式样较多，如提梁为指捏纹、壶口为管口状的高身壶，以及提梁为半环状、壶口为短流样的扁圆壶等。总体来看，这些鸡冠壶在器型上多为皮囊形状，在纹饰上，则有的通体无纹饰，有的有皮条装饰，或花叶纹饰，颇为美观。

在制作这一瓷器时，需要先施上一层白色的化妆土，施釉不能到底，这样釉色才会呈现出自然流淌的泪痕形状。整件瓷器釉色光亮美丽，形制优美，将契丹族人朴素豪放、热情洒脱的性格特点完全呈现了出来，难怪被世人推举为辽金瓷器的代表。

辽代"鸡冠壶"的发展变化

鸡冠壶作为辽代特有的陶瓷器型，也有马镫壶、皮囊壶之称。它的式样大体有五种，分别为扁身单孔式、扁身双孔式、扁身环梁式、圆身环梁式以及矮身横梁式。

早期的鸡冠壶是仿照马背上用来盛水、酒等液体的容器马盂制成的，所以通常是扁身单孔，内蒙古赤峰应历九年（959年）辽驸马墓出土的白瓷绿釉鸡冠壶就是这种样式。

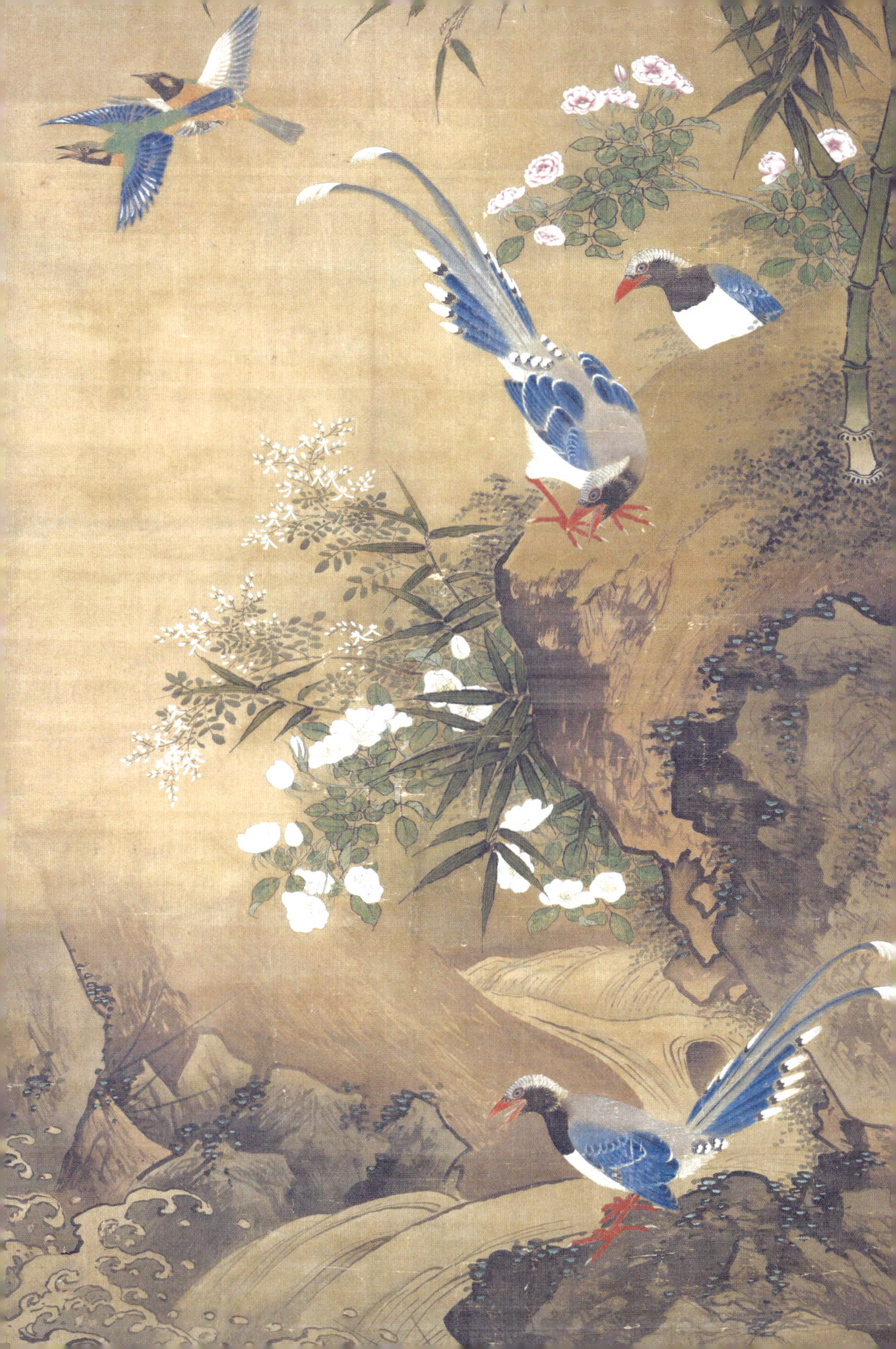

▼五代　胡瓌　《回猎图》

胡瓌，擅画北方游牧民族的骑猎活动，所作用笔清劲，构图巧密，人物气质犷悍，形象各异。此图描绘的是三个契丹骑士游猎的情景，骑士们都骑在马上，每人挚一犬，由于骑马跑热了都摘下帽子，有的背在肩上，有的别在腰间。土丘上生长着沙漠中特有的刺草，远景作荒漠寥廓的景色。

高级陶瓷水壶：鸡冠壶

后来鸡冠壶发生了变化，变成了扁身双孔的样式。辽代绿釉双猴攀系鸡冠壶便是如此。这款鸡冠壶扁身平底，绿釉到底，底心向内凹陷，双孔，并且有盖子，壶身的两边都有卷草花纹，是辽代鸡冠壶中的佼佼者。

再后来，鸡冠壶变成扁身环梁式，器身上的装饰也增多了。人们为了便于在室内生活使用，又给鸡冠壶底部加上了固足和提梁，使其可以放在桌子上或者地上。辽圣宗之后，契丹人逐渐融入了汉人中，鸡冠壶就慢慢消失了。

鸡冠壶的发展过程，充分见证了辽代契丹民族逐渐汉化，从马背上的游牧生活变为稳定的室居生活的过程。

▲辽　黄釉鸡冠壶

此壶高身，呈管状口，圆身环梁设计，提梁形式是指捏纹。黄釉覆盖至腹中部，腹下部露胎，胎质较粗，泛红色。

▲辽　白釉提梁鸡冠壶

此壶属辽代晚期，壶身变圆，壶体变高，提梁也逐渐演变成较细的大环手，不再适合骑马携带，而比较适合定居生活中使用。

江南水乡葬俗的缩影
素三彩瓷船

国宝档案

国宝年代： 明代

规格： 长16厘米，中部宽6.5厘米，高11.3厘米

出土年代及地点： 1974年出土于浙江省嘉兴市东大营的一处古墓

收藏场所： 嘉兴博物馆

国宝出土

1974年8月24日，正在嘉兴市东大营某处扩建厂房的冶金机械厂员工发现一处古墓，并于其中发现了一件素三彩瓷船。嘉兴博物馆的文物考古人员得知这一消息后，迅速赶到现场，对此处古墓中的古代文物进行发掘。

考古人员在古墓的墓志石上发现了"明天顺癸未（1463年）乐园翁包处士墓"和"包处士妻何孺人墓"的铭文，借此确定了古墓主人的身份，同时也为那件素三彩瓷船提供了确切的纪年佐证。

江南水乡葬俗的缩影：素三彩瓷船 | 083

1995 年 5 月 5 日，经过国家文物鉴定委员会的鉴定，素三彩瓷船被定为国家一级文物，现收藏于嘉兴博物馆之中。

这件素三彩瓷船长 16 厘米，高 11.3 厘米，中部宽 6.5 厘米，通体以黄、白、绿三色施釉，釉色不及底，底釉为白中泛银色，颇为素雅。瓷船主要由船头、船亭、船舱、船艄几部分构成，船头平直，微向内弧；船亭为四角攒尖顶，分前后两座，前亭上有

▲ 明　素三彩瓷船

此件瓷器造型别致，装饰典雅，独具神韵，是一件十分罕见的瓷塑珍品。杭嘉湖一带有用船为死者送葬的习俗，这件明器瓷船即是江南水乡葬俗的缩影。

供案、塑俑，后亭三面封闭，外有纹饰；船舱呈斗状，有活动舱板，上有一立俑；船艄后翘，高于船头，左侧有排水洞。船上的亭台、供案多绘有莲花纹、云水纹、叶帆纹等纹饰，具有较浓的佛教色彩。

整件器物以黄、绿填绘纹样，浓淡相宜，以银白为地，素雅柔和，整体着色给人肃穆恬静之感，很是耐人寻味。

先进工艺

提到素三彩瓷器，大多数人可能会联想到唐三彩，二者之间有一定联系，但在烧制工艺和施釉着色上却多有不同。素三彩之所以为"素"，一是说该瓷器使用"素胎"烧制，二是说该瓷器所用釉色以"素色"为主。

所谓"素胎"，就是陶瓷生坯在没有上釉前预烧的胎。古人为了增强坯体的强度，防止其在搬运时遭到损坏，通常会使用素胎烧制。在增强坯体强度外，素胎烧制还可以防止彩釉浸湿坯体而导致坯裂。而所谓"素色"，则是我国古代对陶瓷色釉的一种说法，即"红为荤色，非红为素色"，除了浓重的红色，其他色彩皆可称为素色。

素三彩瓷属于瓷器釉上彩品种之一，主要以黄、绿、紫三色为主，但并不局限于此三色（不用红色）。这件素三彩瓷船整体着色颇为素雅，体现早期素三彩瓷器的一大特征，但明代的素三彩瓷器并非都这般素雅，有些素三彩瓷器的色彩便十分鲜亮。

北京故宫博物院收藏的明代素三彩海蟾纹三足洗，在釉色使用上，以黄彩绘蟾蜍，绿彩绘海水，白彩绘浪花，紫彩涂口、足，颜色鲜明夺目，搭配在一起清新和谐，极具审美意趣，可以说是传世的素三彩瓷器中屈指可数的稀世精品。

与素三彩海蟾纹三足洗一同收藏于北京故宫博物院的素三彩缠枝莲纹长方水仙盆，同样是明代正德年间的精美素三彩瓷器。该盆为长方体形状，四面略斜收，下有六足支撑，盆内及外底施白釉，外壁以黄、绿、紫素三彩装饰，整体造型别致，构图简练，色调清新明快，色彩搭配协调，呈现出一种古朴典雅的美感。

正德一朝可谓明代瓷器发展的鼎盛时期，在此之后，瓷器质量出现了明显下降，许多先进工艺也渐渐失传。素三彩瓷器亦是如此，这种情况一直到清代乾隆年间，才有所好转。

▲ 明 素三彩海蟾纹三足洗

高10.8厘米，口径23.7厘米，足距17.8厘米。洗口内敛，平底，下承三如意头式足，内施青白釉，外壁刻画16个海中嬉游的蟾蜍，纹饰构图简练。

▲ 明　素三彩缠枝莲纹长方水仙盆

高 7.2 厘米，口径 23.8 厘米 ×15.2 厘米，足径 23.1 厘米 ×14.2 厘米。盆呈长方体，造型别致。

◀ 清　景德镇窑素三彩牧牛童子

素三彩作为康熙的御用彩瓷之一，在清朝宫廷用瓷中地位很高，这主要是因为素三彩具有精细的工艺和高雅的艺术品位。

江南水乡葬俗的缩影：素三彩瓷船 | 087

▲ 清 康熙 景德镇窑 素三彩莲蓬茶壶

除了黄、绿、紫三彩，康熙朝又增加了本朝发明的釉上蓝彩，颜色描绘的深浅浓淡变化，丰富了素三彩的色泽层次。黄色的呈色较明代要淡，含铁量也越来越少。

素三彩的制作与发展

素三彩的早期发展可追溯到唐朝，它的刻画和工艺与唐三彩一脉相承，发展比较成熟的素三彩则是在明代正德年间出现的。

素三彩瓷器的制作步骤一般可分为三步：第一步，在瓷胎上刻画纹饰，并用高温烧制成素胎；第二步，在素胎上浇上地釉，

▼ 清　康熙　素三彩生肖鼠俑

康熙素三彩瓷器的装饰纹样内容丰富，十二生肖题材很具有代表性。

刮去花纹中的地釉；第三步，在花纹中填色，并再次放入窑中低温烧制。

除了正德年间，嘉靖、万历年间也生产过一些素三彩。清代康熙年间，素三彩得到很大发展，出现了白地三彩、色地三彩、墨地三彩等多种素三彩。

如今我们在博物馆中仍能看到很多素三彩作品，其精美程度即使以现代科技制造手段也难以企及，不得不让人感慨古人的智慧啊！

▲ 清　康熙　素三彩长寿福字壶

▲ 清　康熙　墨地素三彩四季花卉纹天圆地方瓶

寿意连绵的泰山镇山宝器
明嘉靖黄釉青花葫芦瓶

国宝档案

国宝年代： 明代

规格： 高 22.5 厘米，口径 3.1 厘米，上腹径 7.3 厘米，下腹径 10.9 厘米，底径 6.3 厘米

来源： 山东省泰安市岱庙

收藏场所： 山东省泰安市博物馆

国宝出土

在我国的北方有一座举世闻名的"天下第一山"——泰山，这是中国古代帝王心目中的神山。千百年来，先后有12位皇帝到这里举行过大规模的祭祀活动。

在12位来到泰山的皇帝之中，清代的乾隆皇帝对泰山最为看重，他曾6次登上泰山，并给泰山御赐祭器300多件，每一件祭器都是稀世珍宝，其中有两件明嘉靖年间烧制的黄釉青花葫芦瓶更是被誉为泰山的"镇山三宝"之一。

为什么乾隆皇帝会选中黄釉青花葫芦瓶作为敬献泰山的礼器呢？这其实和我国古代的传统文化有关。

在中国的传统文化中，葫芦因为与"福禄"谐音，并且葫芦藤蔓的"蔓"字与"万"字谐音，所以它始终都被赋予吉祥如意的内涵，象征着福禄双全，子孙绵延万代。

乾隆皇帝将黄釉青花葫芦瓶赐予泰山，也是想借此寓意祈求国运昌隆，天下太平，民富国强。

黄釉青花葫芦瓶这般精美，寓意又好，足见乾隆的心意，难怪泰山岱庙会将其作为"镇山宝器"珍藏起来。

▲ 明　嘉靖　黄釉青花葫芦瓶

此瓶敞口，鼓腹，束腰，圈足，通体饰青花缠枝连纹，采用了二次烧成技法。

▲ 清 王翚 《康熙南巡图卷三之济南至泰山》

古代有12位皇帝来到泰山封禅祭祀，康熙是其中一位。此图描绘的是康熙南巡济南到泰安的情景。

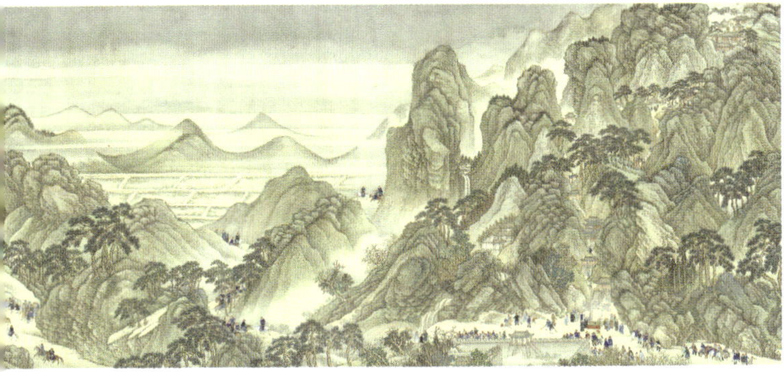

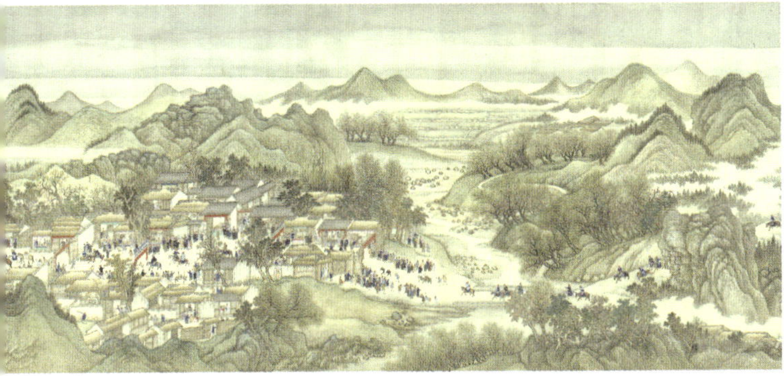

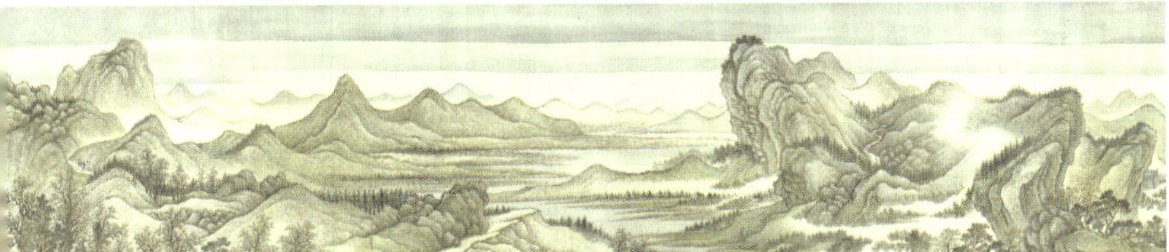

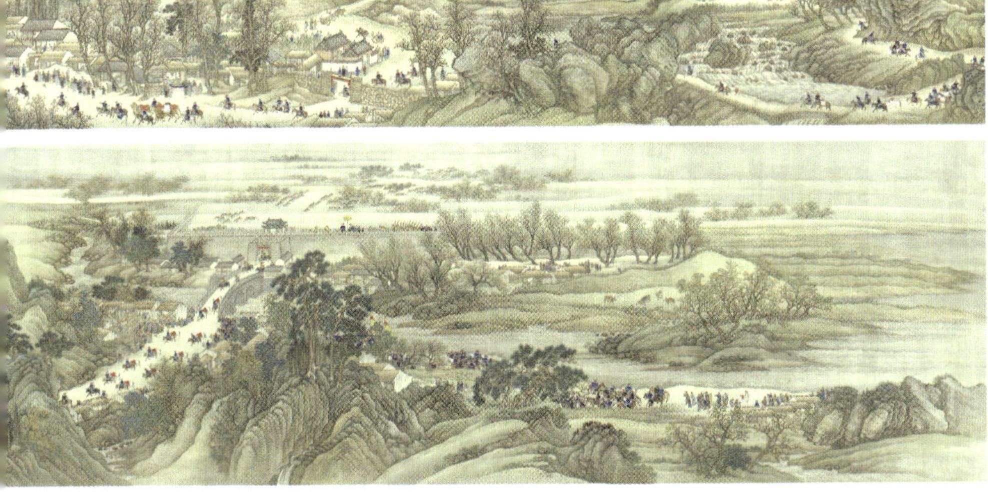

▲ 明 宣德 霁青葫芦瓶　　▲ 明 嘉靖 黄地青花红彩葫芦瓶　　▲ 清 乾隆 磁胎洋彩转旋葫芦瓶

从明代到清代，葫芦瓷瓶的制作愈加繁复，至乾隆时期，葫芦瓶的制作工艺登峰造极，精美的葫芦瓷瓶层出不穷。

先进工艺

被称为瓷器中的精品的黄釉青花葫芦瓶烧制于明代嘉靖年间，它的瓶身通体被施以黄釉，绘满了青花云纹，葫芦瓶的盖顶为青黄色，盖子上有三宝缄纹进行装饰。

瓶子的上腹位置装饰有三朵缠枝莲，束腰位置有九朵梅花，下腹则装饰有四朵缠枝莲。下腹的肩部两条青花线之间有一周的三角纹，葫芦瓶底部则有六字楷书——"大明嘉靖年制"。

之所以说黄釉青花葫芦瓶的工艺很先进，是因为成熟的青花在元代才有，而纯正的黄釉在明代中期才有，而黄釉青花葫芦瓶则是将两种工艺组合在一起烧制而成的。工匠们必须先在高温窑中烧制青花器，等出窑之后施上黄釉，然后再进行低温烧制。这种复杂工序会让烧制成功的概率大大降低，极为考验工匠的烧制功底。

好在明代嘉靖年间，官窑的青花瓷采用含铁量低、含锰量高的西域"回青"料，用此原料烧成的青花瓷，蓝中透紫，浓艳又美丽，而工匠对黄釉瓷的烧制工艺更加熟练，这才有了我们现在看到的黄釉青花葫芦瓶。

灵性传说

黄釉青花葫芦瓶之所以珍贵，除了它的烧制工艺难度较大，还因为一个关于它的灵性传说。

相传在民国初年，乾隆皇帝御赐下来的两个黄釉青花葫芦瓶，以及历代其他皇帝御赐的祭器都被存放在岱庙的东神库中，库外经常有守门人来回巡逻，防止发生意外。

这天，一场瓢泼大雨从天而降，东神库"不堪重负"，在雨中轰然倒塌。守门人见状，脸色煞白，惊恐万分，连忙叫人一起来抢救库中的御赐祭器。

在最后清点的时候，众人发现，里面的不少祭器都被砸得粉碎，散落一地，但两只黄釉青花葫芦瓶却完好无损。人们纷纷猜测黄釉青花葫芦瓶是因为富有灵气，才能逃过此劫。经此劫难后，依然完好无损的黄釉青花葫芦瓶凭着这般富有灵性的传说，吸引了更多人的关注。

图书在版编目（CIP）数据

写给青少年的陶瓷器档案/孙建华著.—成都：天地出版社，2023.6（2024.3重印）
（写给青少年的国宝档案）
ISBN 978-7-5455-7598-9

Ⅰ.①写… Ⅱ.①孙… Ⅲ.①瓷器（考古）–中国 Ⅳ.①K876.32

中国国家版本馆CIP数据核字（2023）第020743号

XIEGEI QINGSHAONIAN DE TAOCIQI DANG'AN
写给青少年的陶瓷器档案

出 品 人	杨　政
作　　者	孙建华
责任编辑	杨永龙　孙若琦
责任校对	卢　霞
封面设计	尹琳琳
内文排版	马宇飞
责任印制	王学锋

出版发行	天地出版社
	（成都市锦江区三色路238号 邮政编码：610023）
	（北京市方庄芳群园3区3号 邮政编码：100078）
网　　址	http://www.tiandiph.com
电子邮箱	tianditg@163.com
经　　销	新华文轩出版传媒股份有限公司

印　　刷	三河市嘉科万达彩色印刷有限公司
版　　次	2023年6月第1版
印　　次	2024年3月第3次印刷
开　　本	880mm×1230mm 1/32
印　　张	3
字　　数	65千字
定　　价	25.00元
书　　号	ISBN 978-7-5455-7598-9

版权所有◆违者必究
咨询电话：（028）86361282（总编室）
购书热线：（010）67693207（营销中心）

如有印装错误，请与本社联系调换。

菜身部分的白色中隐隐透出灰紫色，而白菜叶部分则十分翠绿，这让整棵白菜都呈现出一种滋润新鲜的感觉，仿佛用手指一掐就能掐出水来。

这棵翠玉白菜还有一点最妙之处，那便是在顶尖翠绿色最浓之处攀爬了两只小憩的螽斯。螽斯即蝈蝈，在清朝统治者看来，螽斯有“多子多孙多福”的寓意。这两只螽斯形态不同，活灵活现，这也表现了玉雕匠人的巧妙心思及精湛手艺。

从中国玉石雕刻历史看，翡翠雕刻当属“后起之秀”。这棵翠玉白菜叶脉清晰，刻工精巧，是难得的玉雕佳品，再加上其寓意美好，故而在台北故宫博物院拥有“镇院之宝”的美誉。

所谓翡翠

翡翠，其实是借了翠鸟鸟羽的名称。翡为雄鸟，羽赤色；翠为雌鸟，羽青色。唐代诗人陈子昂《感遇》三十八首其二十三中，便有“翡翠巢南海，雄雌珠树林”的诗句。

用翡翠玉料雕刻玉器是从北宋之后才有的，翡翠硬度极高，有“硬玉”之称，并不适合雕刻，尤其在雕刻工具还不发达的古代，翡翠玉器的雕刻就更难了。所以，至今为止，考古人员还未发现明清之前的翡翠玉雕作品。

正因为翡翠质地坚硬，色彩明艳，它深受清朝皇室成员的喜爱。到了乾隆时期，翡翠雕刻的技术越来越发达，留传后世的翡翠玉雕多半是清朝乾隆后期的作品。

图书在版编目（CIP）数据

写给青少年的玉器档案 / 弧峰书系. —成都：天地
出版社，2023.6
（写给青少年的国家档案）
ISBN 978-7-5455-7599-6

Ⅰ.①写… Ⅱ.①弧… Ⅲ.①玉器-中国-青少年
读物 Ⅳ.①K876.8-49

中国国家版本馆 CIP 数据核字（2023）第 020748 号

XIEGEI QINGSHAONIAN DE YUQI DANG'AN
写给青少年的玉器档案

出品人	杨政
作者	弧峰书系
责任编辑	杨永花
责任校对	卞曼
封面设计	许兰潇
版式排版	马宇飞
责任印制	王学锋

出版发行 天地出版社
（成都市锦江区三色路238号 邮政编码：610023）
（北京市方庄芳群园3区3号 邮政编码：100078）
网 址 http://www.tiandiph.com
电子邮箱 tiandi@163.com
经 销 新华文轩出版传媒股份有限公司
印 刷 三河市嘉科万达彩色印刷有限公司

版次	2023年6月第1版
印次	2023年6月第1次印刷
开本	880mm×1230mm 1/32
印张	3
字数	65千字
定价	25.00元
书号	ISBN 978-7-5455-7599-6

版权所有 ◆ 违者必究

咨询电话：（028）86361282（总编室）
购书热线：（010）67693207（营销中心）

如有印装错误，请与本社联系调换。